mes petites verrines

Tableau des symboles :

Temps de préparation

Temps de cuisson

Temps de réfrigération

Temps de repos

Difficultés

Nombre de personnes

Crédits des photographies :
Couverture : Desgrieux/Sucré Salé.
P.13, p.21, p.25, p.33, p.37, p.39, p.55 : Studio City
P.6 : C. Adam/Sucré Salé, p.9 : E. Boivin/Sucré Salé, p.11 : Y. Bagros/Sucré Salé, p.15 : E. Fénot/ Sucré Salé, p.16 : M. Leduc/Sucré Salé, p.19 : M. Leduc/Sucré Salé, p.27 : P.-L. Viel/Sucré Salé, p.28 : S. Manceau/Sucré Salé, p.31 : A. Caste/Sucré Salé, p.35 : L. Nicoloso /Sucré Salé, p.40 : N. Leser/Sucré Salé, p.43 : B. lawton/Sucré Salé, p.45 : S. Manceau/ Sucré Salé, p.47 : P.-L. Viel/Sucré Salé, p.49 : J.-B. Hall/Sucré Salé, p.51 : P. Desgrieux/Sucré Salé, p.52 : J.-C. Riou/Sucré Salé, p.57 : J.-C. Riou/Sucré Salé, p.59 : L. Nicoloso/Sucré Salé, p.61 : Y. Bagros/Sucré Salé, p.63 : A. Muriot/Sucré Salé.

ISBN : 978-2-35288-355-5
Code Hachette : 50 6931 5

Rayon : Cuisine
Catalogue et manuscrits : www.city-editions.com

Dépôt légal : premier semestre 2010
Imprimé dans la C.E.E.

SOMMAIRE

Mes verrines végétariennes

Mes verrines de viande

Mes verrines de poisson

Mes verrines sucrées

Quelques conseils...

Autrefois réservée aux grands restaurants et aux traiteurs, la verrine a su s'inviter dans nos cuisines. Raffinée et tendance, elle est une combinaison équilibrée de gourmandises et d'esthétisme, faisant, en toute occasion et toute saison, la joie des petits et des grands.
La verrine est devenue, depuis peu, un plat à part entière. Élégante et attrayante, elle sait, à travers son verre transparent, se faire désirer à la seule vue des ingrédients. Source de créativité, ses préparations sont étonnantes, voire uniques, et offrent la possibilité de variations infinies et personnelles.
Vous découvrirez, dans cet ouvrage, des recettes de verrines, de la classique à l'originale, chaudes ou froides, sucrées ou salées, qui vous permettront de faire le bon choix au bon moment... Alors, laissez vos assiettes de côté et sortez les verres et les cuillères !

Mes secrets pour faire une bonne verrine :

- Choisissez, en priorité, des ingrédients frais de saison.

- Cherchez une harmonie de couleurs, jouez les superpositions, combinez les différentes textures et équilibrez les goûts, ce qui permettra de créer un accord parfaitement réussi. Limitez, de préférence, le nombre d'ingrédients principaux à trois, afin que cela reste plus digeste. Au moment de servir, parsemez d'herbes fraîches, de légumes ou de fromage séchés, hachés ou râpés, saupoudrez d'épices, décorez de crevettes, d'olives ou de croûtons de pain…

- Cuisinez autrement, faites preuve d'imagination : mixez, coupez en cubes, en rondelles, en lanières, taillez…

Tout doit entrer dans un verre ! Équipez-vous d'un batteur électrique, d'un mixeur, d'un hachoir, de petites cuillères et fourchettes, de pics à apéritif, d'une poche à douille pour des superpositions nettes…

- Sachez utiliser les verrines à bon escient : tous les verres transparents, sans pied, peuvent servir de verrines, mais aussi les petits pots de yaourt (en verre) ou les mini-bocaux de conserve avec couvercles. Choisissez la taille de la verrine en fonction des plats servis au repas : préparez, par exemple, de petites verrines, si le nombre de plats est important. S'il y a cuisson au four, vérifiez que vos verrines résistent à la chaleur.

- Respectez, de façon rigoureuse, votre temps de préparation ; ils ont leur importance : certaines verrines seront préparées à l'avance et réfrigérées avant le repas. D'autres seront préparées à la dernière minute, juste avant d'être servies.

Cappuccino d'aubergines au paprika

20 mn
25 mn
Facile
4 personnes

2 aubergines moyennes
½ poivron rouge
1 oignon moyen
1 gousse d'ail
2 yaourts nature
3 c.s. à soupe de crème fraîche
1 c.s. d'huile d'olive
1 pincée de paprika
Sel, poivre

1 Coupez grossièrement l'ail et l'oignon. Faites-les revenir 5 minutes à la poêle avec l'huile d'olive. Réservez. Mettez les aubergines, dont vous aurez enlevé les extrémités, dans la lèchefrite, le plus près possible du gril. En les tournant régulièrement, faites-les cuire 10 minutes de chaque côté, jusqu'à ce que leur peau cloque et noircisse.

2 Laissez-les refroidir un peu, puis coupez-les en deux dans le sens de la longueur. Retirez la pulpe avec une cuillère à soupe. Réservez.

3 Versez, dans le mixeur, les yaourts, l'ail, l'oignon et les aubergines. Mixez le tout jusqu'à ce que le mélange soit bien crémeux. Relevez avec le paprika, le sel et le poivre. Couvrez d'un film alimentaire et laissez reposer au réfrigérateur.
Coupez le poivron en petits dés.

4 Fouettez la crème fraîche en chantilly très ferme. Répartissez la crème d'aubergine dans les verrines. Ajoutez la crème fouettée, surmontée de petits dés de poivron. Servez frais.

Conseil : vous pouvez remplacer le paprika par de la marjolaine, du gingembre ou de l'origan, les poivrons par de l'estragon ou du basilic.

Velouté d'épinards

Un velouté simple et très goûteux.

10 mn
5 mn
Facile
4 personnes

400 g d'épinards
15 cl de crème fraîche
20 g de beurre
2 jaunes d'œufs
Sel, poivre

1 Faites revenir les épinards avec le beurre dans une casserole pendant 5 minutes.

2 Versez dans le mixeur avec la crème fraîche et les jaunes d'œufs.

3 Salez, poivrez, puis mixez le tout.

4 Répartissez le velouté dans les verrines.

5 Servez chaud ou froid, avec un peu d'oseille ciselée.

Conseil : consommez rapidement les feuilles d'épinards fraîches, car même au réfrigérateur elles jauniront et perdront leurs qualités nutritives.

Velouté d'épinards

Salade d'endives, carottes et oranges

Verrine fraîche, croquante et colorée.

15 mn
Facile
4 personnes

2 endives moyennes

3 oranges

2 carottes

60 g de raisins secs

Le jus de ½ citron

4 feuilles de menthe

Sauce vinaigrette :

1 c.s. de moutarde

1 c.s. de vinaigre

4 c.s. d'huile d'olive

Conseil : vous pouvez remplacer la sauce vinaigrette par une sauce blanche avec 1 c.s. de fromage blanc, 1 c.s. de crème fraîche et 1 c.s. de fines herbes hachées (ciboulette, basilic, persil).

1 Coupez une orange en deux et pressez-la. Mettez les raisins secs à tremper 15 minutes dans le jus d'orange. Épluchez et râpez les carottes.

2 Nettoyez les endives : retirez les feuilles abîmées et enlevez la partie amère en creusant le pied à l'aide d'un couteau. Lavez et coupez-les en petits morceaux. Arrosez de jus de citron. Égouttez les raisins secs en conservant une cuillère à soupe de jus d'orange pour la sauce. Mélangez les raisins secs et les endives.

3 Pelez deux oranges, retirez les petites peaux blanches, puis coupez en petits cubes. Préparez la sauce vinaigrette : mélangez dans un bol la moutarde, le vinaigre, le jus d'orange et l'huile, jusqu'à obtenir une sauce homogène.

4 Répartissez les carottes râpées dans 4 verres. Ajoutez les endives, puis terminez par une couche d'oranges. Nappez d'une cuillérée de sauce vinaigrette et décorez d'une feuille de menthe.

Œuf poché, tomates et courgettes

30 mn
22 mn
Moyen
4 personnes

4 œufs

2 tomates bien mûres

1 courgette

1 oignon

1 gousse d'ail

6 c.s. d'huile d'olive

1 c.s. de persil haché

1 c.c. de basilic frais

1 c.c. de sucre poudre

1 pincée de safran

Sel, poivre

Conseil : si vous n'avez pas encore acquis une pratique suffisante de la préparation des œufs pochés, préparez-les l'un après l'autre.

1 Préparez la purée de tomate : coupez l'oignon en petits dés et faites revenir dans une poêle avec 2 cuillères à soupe d'huile d'olive. Ajoutez les tomates coupées en petits morceaux, le sucre et le basilic. Laissez mijoter 10 minutes sur feu doux, en remuant. Salez, poivrez, puis passez au mixeur.

2 Hachez l'ail. Lavez et essuyez la courgette, sans l'éplucher. Coupez les extrémités et coupez en rondelles. Faites revenir à la poêle avec 4 cuillères à soupe d'huile d'olive pendant 10 minutes. Ajoutez l'ail, le persil et le safran. Salez, poivrez. Répartissez, dans chaque verrine, une couche de courgette, puis une couche de purée de tomates. Réservez au chaud.

3 Portez à ébullition une casserole d'eau. Baissez le feu pour que l'eau ne soit plus que frémissante. Cassez les œufs en les mettant chacun dans un ramequin. Versez-les, un à un, dans l'eau frémissante et laissez pocher 2 minutes. Retirez-les avec une écumoire. Égouttez les œufs pochés sur du papier absorbant. Enlevez les morceaux de blanc qui dépassent, puis déposez-les sur la sauce tomate. Servez sans attendre.

Œuf poché, tomates et courgettes

Poire, roquefort et noix

La force du bleu et de la noix atténuée par la douceur de la poire.

20 mn
Facile
4 personnes

4 poires

250 g de roquefort + quelques miettes

20 cl de crème fraîche

Le jus de 1 citron

20 g de noix concassées

4 cerneaux

1 Écrasez le roquefort à la fourchette. Ajoutez la crème fraîche, puis, à l'aide d'un batteur électrique, montez en mousse bien ferme.

2 Incorporez les noix concassées. Réservez au frais.

3 Pelez et évidez les poires. Coupez en rondelles et arrosez de jus de citron.

4 Déposez, en intercalant, une couche de poires, puis une couche de crème au roquefort jusqu'à épuisement.

5 Décorez chaque verrine d'un cerneau et de miettes de roquefort.

Conseil : choisissez de préférence la poire Williams ; elle est aussi grosse que charnue, et son parfum est plus prononcé.

Petite ratatouille

Une verrine colorée à la saveur méridionale.

30 mn
40 mn
60 mn
Facile
4 personnes

1 courgette

1 aubergine

1 poivron jaune

1 oignon

2 tomates

1 c.s. de persil haché

Huile d'olive

Sel, poivre

1 Coupez les légumes en petits dés.

2 Faites revenir l'aubergine, la courgette, le poivron et l'oignon dans une poêle avec 4 cuillères à soupe d'huile d'olive pendant 15 minutes sur feu doux.

3 Incorporez enfin les tomates et le persil. Salez, poivrez.

4 Couvrez et laissez mijoter à feu doux pendant 20 minutes, en remuant régulièrement.

5 Laissez refroidir, puis réservez au moins 1 heure au réfrigérateur.

6 Servez dans des verrines la ratatouille très froide, arrosée d'huile d'olive.

Conseil : ajoutez quelques pignons de pin pour donner du croquant à votre ratatouille.

Petite ratatouille

Verrine orientale au piment

Le charme épicé d'une saveur d'Orient.

30 mn
25 mn
Facile
4 personnes

2 poivrons verts

½ piment de Cayenne

2 petites tomates

2 œufs

1 gousse d'ail

25 g d'olives noires dénoyautées

8 c.s. d'huile d'olive

Sel

1 Allumez le gril du four. Faites griller les poivrons, le piment et les tomates 15 minutes au four, en mode gril. Mettez-les à refroidir quelques minutes dans un saladier recouvert d'une assiette.

2 Portez une petite casserole d'eau salée à ébullition et plongez-y les œufs. Laissez cuire 10 minutes. Rafraîchissez et écalez les œufs.

3 Enlevez la peau des tomates, des poivrons et du piment, puis coupez-les en deux pour les épépiner.

4 Passez les poivrons, les tomates et l'ail au mixeur pour obtenir une purée compacte (ne mixez pas trop longtemps). Répartissez la préparation dans 4 verrines. Parsemez d'œufs durs émiettés et d'olives noires coupées en rondelles. Servez tiède ou froid.

Conseil : si vous souhaitez doser l'intensité du piment, vous pouvez remplacer le piment de Cayenne par de l'harissa : une petite cuillère pour une verrine légèrement pimentée, une grande cuillère pour une verrine très pimentée.

Macédoine aux fromages

Un agréable mélange de légumes et de fromages.

20 mn
35 mn
Facile
4 personnes

4 petites pommes de terre

2 carottes moyennes

150 g de petits pois (conserve)

100 g de mimolette

100 g de Saint-Agur

2 brins de ciboulette

Pour la sauce :

2 c.s. vinaigre balsamique

5 c.s. à soupe d'huile

1 c.s. de moutarde

1 Faites cuire à l'eau et séparément les carottes (20 minutes) et les pommes de terre (15 minutes).

2 Égouttez, laissez refroidir, puis coupez en petits dés.

3 Coupez les fromages en petits dés. Égouttez les petits pois.

4 Préparez la sauce, dans un saladier, avec la moutarde, le vinaigre et l'huile.

5 Versez la sauce sur les légumes et mélangez.

6 Incorporez les dés de fromages aux légumes, puis disposez dans les verrines.

7 Décorez avec la ciboulette.

Conseil : vous pouvez remplacer la mimolette ou le Saint-Agur par de l'édam ou du gouda jeune.

Macédoine aux fromages

Figues et fromage

D'une douceur et d'une finesse exceptionnelles.

20 mn
Facile
4 personnes

8 figues fraîches

8 figues sèches

250 g de fromage à tartiner (Saint-Morêt)

3 c.s. de crème fraîche épaisse

2 c.s. d'amandes en poudre

2 c.s. d'huile d'olive

Sel, poivre

1 Faites tremper les figues sèches dans de l'eau chaude.

2 Écrasez dans un saladier le fromage à la fourchette. Incorporez la crème fraîche épaisse. Relevez avec le sel et le poivre. Réservez.

3 Égouttez et broyez les figues sèches au mixeur avec 6 figues fraîches et les amandes.

4 Déposez une couche de fromage au fond de chaque verre, puis une couche de figues sèches.

5 Recommencez l'opération jusqu'à épuisement. Décorez chaque verrine de fins quartiers de figues fraîches.

Conseil : choisissez en priorité des figues blanches, très parfumées et sucrées ; elles apporteront un goût prononcé à votre préparation.

Torsettes aux légumes

Petite entrée appétissante et ultrasimple.

20 mn
10 mn
Facile
4 personnes

200 g de pâtes « torsettes »

1 tomate

1 petite carotte

½ concombre

½ poivron vert

½ c.c. d'origan

Pour la sauce :

4 c.s. d'huile d'olive

Le jus de 1 citron

Sel, poivre

1 Faites cuire les torsettes dans une grande quantité d'eau bouillante, salée, contenant de l'origan. Suivez les indications du paquet. Égouttez.

2 Coupez la tomate et le poivron vert en petits dés, le concombre en fines rondelles. Épluchez et râpez la carotte.

3 Mélangez tous les légumes dans un petit saladier. Ajoutez les pâtes et réservez au frais.

4 Préparez la sauce avec l'huile d'olive, le jus de citron, le sel et le poivre.

5 Au moment de servir, versez la sauce sur la salade et mélangez. Dressez dans les verrines et servez sans attendre.

Conseil : coquillettes, farfalles, rotelles et bien d'autres pâtes peuvent être accommodées de la sorte.

Torsettes aux légumes

Œuf cocotte au saumon

Œuf cocotte au saumon

Délicieux et vite prêt !

5 mn
8 mn
Facile
4 personnes

4 tranches de saumon fumé

4 œufs

20 g de beurre

8 c.s. de crème fraîche épaisse

2 c.s. d'estragon haché

Sel, poivre

1 Préchauffez le four à 180 °C (th. 6).

2 Remplissez un plat creux d'eau à mi-hauteur des verrines et placez-le dans le four.

3 Beurrez 4 verrines allant au four. Étalez une tranche de saumon fumé dans le fond et sur la paroi de chaque verrine.

4 Ajoutez 1 cuillère à soupe de crème fraîche, puis cassez 1 œuf au centre sans percer le jaune. Terminez avec 1 cuillère à soupe de crème fraîche. Salez, poivrez et parsemez d'estragon haché.

5 Faites cuire au four et au bain-marie pendant 8 minutes.

6 Servez chaud, sans attendre, avec des bâtonnets de pain de campagne grillés.

Conseil : la cuisson d'un œuf cocotte ne doit pas dépasser 10 minutes au four. Le blanc cuit et durcit, mais le jaune reste liquide.

Concombre et noisettes

Une verrine rafraîchissante, simple et savoureuse.

20 mn
Facile
4 personnes

1 concombre long et très frais

1 c.s. de noisettes concassées

Pour la sauce :

3 c.s. d'huile d'olive

3 c.s. de fromage blanc

1 c.s. de noisettes moulues

Le jus de 1 citron

1 Préparez la sauce : mélangez dans un saladier le jus de citron, le fromage blanc, les noisettes moulues et l'huile d'olive.

2 Assaisonnez d'une pincée de paprika, de sel et de poivre, puis mélangez le tout pour obtenir une préparation bien relevée.

3 Enlevez les deux extrémités du concombre, sans l'éplucher. Partagez-le en deux dans le sens de la longueur. Retirez les graines à l'aide d'une petite cuillère. Coupez-le en rondelles très fines dans un petit saladier.

4 Répartissez les concombres dans les verrines. Nappez de sauce noisette, saupoudrez d'une petite pincée de paprika, puis parsemez de noisettes concassées.

5 Servez très frais.

Conseil : vous pouvez remplacer les noisettes par des noix ou des amandes moulues.

Taboulé aux agrumes

D'origine syrienne, ce taboulé a su séduire toute l'Europe.

30 mn
8 mn
Facile
4 personnes

200 g de couscous moyen

2 oranges

2 citrons

8 petits grains de raisin vert

2 c.s. d'huile

4 feuilles de menthe entières

4 feuilles de menthe ciselées

Quelques grains de grenades

1 Versez le couscous dans un saladier. Ajoutez l'huile et mélangez. Versez un verre d'eau chaude sur le couscous. Couvrez et laissez gonfler 5 minutes.

2 Faites cuire la semoule dans le haut du couscoussier pendant 8 minutes. Égrenez le couscous avec les mains.

3 Pressez les oranges et les citrons, puis versez sur la semoule. Ajoutez la menthe ciselée, les grains de raisin et de grenades.

4 Mélangez, puis laissez absorber 5 minutes. Roulez entre les mains et réservez au frais.

5 Au moment de servir, répartissez le taboulé dans les verres. Décorez avec les feuilles de menthe.

Conseil : vous pouvez remplacer le couscous par du boulgour que vous trouverez dans les épiceries orientales ou en grande surface.

Caviar d'aubergine, feta et tagliatelles de courgettes

Étonnant et riche en saveurs.

30 mn
10 mn
Facile
4 personnes

1 aubergine

2 petites courgettes

16 tomates séchées (bocal)

150 g de cubes de feta aux herbes de Provence

1 gousse d'ail

6 c.s. d'huile d'olive

1 c.c. de persil haché

1 branche de persil plat

1 Pelez et coupez l'aubergine en petits dés. Faites cuire à feu doux, dans une poêle, avec 3 cuillères à soupe d'huile d'olive. Ajoutez l'ail coupé finement. Salez, poivrez, puis passez le tout au mixeur.

2 Coupez les extrémités des courgettes et, à l'aide d'un couteau économe, découpez de longues lanières.

3 Faites-les cuire 10 minutes à la vapeur, arrosez-les d'un filet d'huile d'olive et réservez.

4 Déposez une couche de caviar d'aubergine au fond de chaque verrine, recouvrez d'une couche de cubes de feta, puis de tomates séchées.

5 Ajoutez une couche de caviar et recouvrez de lanières de courgettes. Parsemez de persil haché et décorez avec du persil plat. Servez tiède ou froid.

Caviar d'aubergine et feta

Crumble de châtaignes sur foie gras

Une verrine raffinée pour toutes les occasions.

40 mn
35 mn
Facile
4 personnes

12 grains de raisin blanc

4 petites tranches de foie gras (2 cm d'épaisseur/5 cm de diamètre)

20 cl d'eau

50 g de sucre en poudre

Crumble :

200 g de châtaignes

40 g de muesli

70 g de farine

50 g de beurre

1 Égrainez le raisin. Lavez et séchez les grains. Versez le sucre et l'eau dans une casserole.
Portez à ébullition et laissez cuire 10 minutes. Ajoutez les grains de raisin et poursuivez la cuisson encore 10 minutes en remuant régulièrement jusqu'à ce que les grains de raisin se caramélisent.

2 Retirez la première peau des châtaignes. Faites-les blanchir 5 minutes dans de l'eau frémissante, puis égouttez-les. Enlevez la deuxième peau.

3 Préparez le crumble : mélangez grossièrement les châtaignes, le muesli, la farine et le beurre. Étalez-le sur du papier cuisson et enfournez 15 minutes. Faites chauffer la poêle à blanc, posez les tranches de foie gras et saisissez-les des deux côtés. Poivrez.

4 Disposez, dans chaque verrine, 3 grains de raisin caramélisés dans le fond. Posez dessus et délicatement une tranche de foie gras. Couvrez de crumble de châtaignes et servez.

Jambon et lentilles

La tradition mise au goût du jour.

25 mn
30 mn
Facile
4 personnes

250 g de lentilles vertes

200 g de jambon

1 carotte

1 échalote

1 petit bouquet de ciboulette

4 c.s. d'huile d'olive

1 c.s. de vinaigre

Sel, poivre

1 Pelez et coupez la carotte en petits dés. Hachez l'échalote. Ciselez finement la ciboulette.

2 Mettez les lentilles et les dés de carotte dans une casserole. Versez dessus un litre d'eau et laissez cuire 30 minutes, selon les indications sur le paquet.

3 Préparez la sauce dans un bol avec l'huile d'olive, le vinaigre, le sel et le poivre. Mélangez, puis incorporez la ciboulette ciselée et l'échalote hachée.

4 Égouttez les lentilles et les carottes. Arrosez de sauce dans un saladier. Mélangez bien, puis répartissez les légumes dans les verrines.

5 Recouvrez les lentilles d'une couche de jambon coupé en fines lanières. Servez tiède ou froid.

Conseil : vous pouvez remplacer le jambon par des lamelles de saumon.

Jambon et lentilles

Rôti de veau sur purée de céleri et abricots secs

40 mn
90 mn
Moyen
4 personnes

1 petit rôti de 400 g

16 abricots secs

1 oignon

1 gousse d'ail

2 c.s. d'huile d'olive

1 petit bouquet garni

Pour la purée :

400 g de céleri rave

100 g de crème épaisse

50 g de beurre

1 Faites tremper les abricots secs dans de l'eau tiède pendant 30 mn. Égouttez et mettez les abricots dans une casserole. Recouvrez d'eau et faites cuire à feu doux pendant 10 mn. Émincez l'oignon et l'ail.

2 Faites chauffez l'huile d'olive dans une cocotte-minute et mettez-y le rôti à dorer de tous les côtés. Ajoutez à la viande l'ail et l'oignon, et remuez jusqu'à qu'ils aient pris une couleur blonde. Salez, poivrez, puis ajoutez 30 cl d'eau et le bouquet garni. Fermez la cocotte et laissez cuire 20 mn sur feu moyen.

3 Préparez la purée : épluchez et coupez le céleri en morceaux. Faites cuire 30 mn à la vapeur. Passez les morceaux de céleri au mixeur. Versez la purée dans une casserole, desséchez-la sur feu doux en remuant, puis incorporez la crème et le beurre. Salez, poivrez. Réservez au chaud. Retirez le rôti et coupez-le en tranches, puis en lanières. Réservez la sauce.

4 Répartissez la purée de céleri dans les verrines. Piquez les abricots dans la purée et contre la paroi des verrines. Disposez au centre les morceaux de rôti de veau. Arrosez d'un filet de sauce et servez.

Verrine façon tourte

40 mn
20 mn
Moyen
4 personnes

200 g de pâte brisée

100 g de blanc de poulet

100 g de veau maigre

1 blanc de poireau

1 c.c. de tahin (pâte de sésame en vente dans les magasins orientaux)

2 échalotes

2 gousses d'ail

1 jaune d'œuf (pour dorer la tourte)

8 petites feuilles de marjolaine

1 c.c. de graines de sésame

Conseil : brisez délicatement avec une petite cuillère ; la pâte tombera en miettes à l'intérieur des verres.

1 Liquéfiez le tahin avec 4 cuillères à soupe d'eau. Épluchez et lavez le blanc de poireau. Égouttez et émincez-le finement. Hachez les échalotes et les gousses d'ail.

2 Coupez les deux viandes en petits morceaux. Assaisonnez de sel et poivre. Faites chauffez le beurre et l'huile dans un fait-tout. Faites revenir les morceaux de viandes pendant 5 minutes, puis ajoutez les échalotes, l'ail et les blancs de poireau. Poursuivez la cuisson encore 5 minutes et incorporez le tahin. Mélangez, rectifiez l'assaisonnement si nécessaire, couvrez et laissez mijoter 10 minutes sur feu doux. En fin de cuisson, incorporez les graines de sésame et la marjolaine.

3 Préchauffez le four à 200 °C (th. 7).Découpez 4 ronds de pâte brisée de diamètre légèrement plus grand que celui des verrines.

4 Répartissez la préparation dans des verrines allant au four. Recouvrez de pâte brisée et soudez les bords en serrant avec les doigts. Badigeonnez la pâte de jaune d'œuf, puis enfournez 15 minutes.

Parmentier de poulet à la poire

30 mn
50 mn
Moyen
4 personnes

2 blancs de poulet
4 pommes de terre moyennes
2 poires
1 oignon
20 g de beurre
20 cl de crème liquide
15 cl de lait
3 c.s. de miel
2 c.s. de chapelure
Sel, poivre

1 Lavez et pelez les pommes de terre. Faites-les cuire dans de l'eau bouillante salée pendant 20 minutes environ.

2 Émincez l'oignon. Découpez le poulet en petits morceaux et faites-les dorer dans une poêle avec le beurre. Ajoutez l'oignon, salez et poivrez. Versez 20 centilitres d'eau et faites mijoter sur feu doux pendant 15 minutes.

3 Égouttez et épluchez les pommes de terre. Passez-les au presse-purée, puis incorporez le lait tiède et la crème liquide. Salez, poivrez. Préchauffez le four à 180 °C (th. 6). Pelez, épépinez et coupez les poires en huit dans le sens de la longueur. Chauffez le miel dans une poêle et saisissez les poires 1 minute, de chaque côté.

4 Répartissez les poires dans le fond des verrines allant au four. Recouvrez de morceaux de poulet, puis terminez par une couche de purée. Saupoudrez de chapelure et faites gratiner au four pendant 20 minutes. Servez sans attendre.

Conseil : vous pouvez remplacer les poires par des coings pour plus d'originalité. reste liquide.

Trio de boulettes sauce olive

Verrines pleines de fantaisie qui amuseront vos convives.

10 mn
Facile
4 personnes

300 g de fromage à tartiner (Saint-Morêt)
2 c.s. de crème épaisse
1 c.s. de parmesan
1 tranche de jambon
10 g de ciboulette
10 g d'estragon
10 g de graines de pavot

Pour la sauce :
4 biscottes
16 olives vertes
15 cl d'huile d'olive

1 Hachez séparément le jambon, les olives, les herbes (ciboulette, estragon, cerfeuil). Préparez la sauce dans un petit saladier avec les biscottes émiettées, les olives hachées et l'huile d'olive.

2 Écrasez, à l'aide d'une fourchette, le fromage à tartiner dans un saladier. Ajoutez la crème épaisse et le parmesan. Mélangez, jusqu'à obtenir une préparation homogène.

3 Façonnez 12 boulettes, de la grosseur d'une noix, entre la paume de vos mains. Roulez 4 boulettes dans les herbes, 4 boulettes dans le jambon, et 4 boulettes dans le pavot. Réservez au frais avant de servir.

4 Répartissez la sauce aux olives dans chaque verrine, puis posez 3 boulettes (herbes, pavot et jambon). Avant de servir, plantez un pique-olive dans une boulette.

Conseil : vous pouvez remplacer les graines de pavot par des graines de sésame.

Mini-brochettes sauce blanche

Pour une ambiance plus conviviale…

25 mn
5 mn
45 mn
Facile
4 personnes

200 g d'agneau

1 gousse d'ail hachée

1 poivron vert

5 c.s. d'huile d'olive

2 feuilles de thym

Sel, poivre

Pour la sauce :

2 pots de yaourt nature

½ concombre

2 c.s. d'huile d'olive

Le jus de 1 citron

Quelques feuilles de menthe

1 Coupez l'agneau en cubes d'environ 2 centimètres de côté.

2 Préparez une marinade dans un plat creux, avec l'ail, le thym et l'huile d'olive. Salez, poivrez et remuez bien. Ajoutez les morceaux d'agneau et laissez mariner pendant 45 minutes. Coupez le poivron en carrés de 3 centimètres environ. Allumez le gril.

3 Préparez la sauce : versez les yaourts dans un petit saladier. Ajoutez le demi-concombre pelé et râpé, l'huile d'olive, le jus de citron et la menthe fraîche finement ciselée. Salez, poivrez, puis mélangez le tout.

4 Égouttez et enfilez les cubes d'agneau sur 12 cure-dents, en alternant avec les carrés de poivron. Posez les brochettes sur la grille de cuisson et faites cuire 5 minutes, en les retournant à mi-cuisson.

5 Répartissez la sauce blanche dans les verrines, puis disposez 3 mini-brochettes dans chaque verre.

Chavignol doré au magret de canard

Finesse et originalité de la tradition dans une verrine.

25 mn
10 mn
Facile
4 personnes

4 crottins de chèvre (chavignol)

4 tranches fines de magret de canard fumé

100 g de frisée (feuilles fines et longues)

1 échalote

4 c.s. d'huile d'olive

8 c.s. de chapelure

1 Préchauffez le four à 200 °C (th. 7).

2 Lavez et essorez les feuilles de salade. Tapissez les verrines de feuilles de salade, sans les couper.

3 Coupez l'échalote en tout petits dés.

4 Taillez les crottins de façon à ce qu'ils entrent dans les verrines, puis roulez-les dans la chapelure. Déposez une noisette de beurre sur chaque crottin et faites dorer 10 minutes au four. (Vous pouvez utilisez le mode gril.)

5 Parsemez la salade d'échalotes, puis posez délicatement un crottin dans la verrine. Terminez par une belle tranche de magret de canard. Servez chaud.

Conseil : vous pouvez remplacer le chèvre par un reblochon ou un camembert pas trop fait.

Chavignol doré au magret de canard

Saucisses grillées et crème de poivron

Fort en goût et.... complémentaires.

30 mn
30 mn
Facile
4 personnes

3 poivrons rouges

8 mini-saucisses

1 petit oignon

1 gousse d'ail

15 cl de crème liquide

2 c. s. d'huile d'olive

Sel, poivre

1 Coupez les poivrons en petits morceaux. Émincez l'oignon et l'ail. Faites revenir les légumes à la poêle avec l'huile d'olive.

2 Passez au mixeur avec 10 centilitres de crème liquide. Salez et poivrez. Réservez au chaud.

3 Grillez les mini-saucisses au barbecue ou à la poêle, avec 1 cuillère à soupe d'huile.

4 Déposez une saucisse grillée au fond de chaque verrine. Recouvrez généreusement de crème de poivron.

5 Coupez en rondelles les mini-saucisses qui restent et parsemez sur la crème. Terminez par un filet de crème liquide et servez aussitôt.

Conseil : si vous avez le temps de raffiner, passez le poivron sur le gril chaud afin d'enlever sa peau.

Kebab aux oignons caramélisés

Verrine originale à la mode orientale.

15 mn
25 mn
Facile
4 personnes

200 g de viande de kebab (dinde ou agneau) prête à cuire

2 oignons moyens

4 c.s. d'huile d'olive

4 c.s. de sucre en poudre

4 c.s. de vinaigre balsamique

Sel et poivre

1 Épluchez et coupez les oignons en fines lamelles.

2 Faites chauffer l'huile d'olive dans une cocotte et dorez les oignons pendant 10 minutes environ en remuant régulièrement.

3 Incorporez le sucre et faites revenir encore 10 minutes, à feu moyen, en remuant souvent. Ajoutez le vinaigre et laissez cuire jusqu'à évaporation. Salez et poivrez.

4 Dans une autre poêle, faites dorer les petits morceaux de kebab avec 1 cuillère à soupe d'huile. Salez, poivrez et mélangez aux oignons caramélisés.

5 Répartissez dans les verrines. Décorez d'herbes aromatiques et servez chaud, sans attendre.

Conseil : préparez vous-même votre viande de kebab (veau, dinde ou agneau) : faites précuire le morceau de viande à la poêle, avant de la couper et de l'effiler finement.

Kebab aux oignons caramélisés

Bolognaise

Bolognaise

Tout le charme de l'Italie dans une verrine.

20 mn
55 mn
Moyen
4 personnes

150 g de spaghetti

2 steaks hachés

1 oignon

1 gousse d'ail

1 petite boîte de tomates concassées (400 g)

1 c.s. de double concentré de tomates

1 c.c. de sucre en poudre

1 c.c. de basilic haché

4 c.c. de parmesan

Huile d'olive

1 Préparez la sauce bolognaise : pelez et hachez l'ail et l'oignon, puis faites revenir, dans une grande casserole, avec 2 cuillères à soupe d'huile d'olive.

2 Ajoutez la viande hachée et laissez cuire pendant 5 bonnes minutes. Incorporez les tomates concassées et concentrées. Laissez mijoter pendant 30 minutes sur feu doux, en remuant de temps en temps.

3 Ajoutez enfin le basilic, le sucre, le sel et le poivre, et laissez mijoter encore 10 minutes.

4 Portez une casserole d'eau salée à ébullition. Ajoutez 1 cuillère à soupe d'huile d'olive. Faites cuire les spaghettis al dente. Égouttez.

5 Déposez dans les verrines, et en couches alternées, les pâtes et la sauce bolognaise. Commencez et terminez par les pâtes. Saupoudrez de parmesan et servez sans attendre.

Conseil : les végétariens pourront remplacer la viande par des champignons.

Émincés de dinde, ananas et mirabelles

Un délicieux mélange sucré salé.

35 mn
20 mn
60 mn
Facile
4 personnes

2 escalopes de dinde

1 petit ananas

3 c.s. d'huile d'olive

Le jus de 1 citron

½ c.c. de cannelle

½ c.c. de cumin

1 pincée de muscade

1 noisette de beurre

Quelques amandes effilées

Sel, poivre

1 Coupez les escalopes de dinde en petits morceaux.

2 Préparez la marinade : mélangez, dans un plat creux, toutes les épices (cannelle, cumin et muscade) dans l'huile d'olive. Badigeonnez les blancs de poulet. Salez, poivrez et recouvrez d'un film alimentaire. Laissez mariner au moins 1 heure au réfrigérateur.

3 Pelez et coupez l'ananas en petits cubes. Égouttez et dénoyautez les mirabelles. Chauffez, à sec, une poêle antiadhésive. Glissez-y les morceaux de dinde et faites cuire pendant 5 minutes en remuant de temps en temps. Arrosez de jus de citron, couvrez et laissez mijoter 5 minutes.

4 Dans une autre poêle, faites dorer l'ananas et les mirabelles avec le beurre.

5 Mélangez délicatement les fruits et la viande, puis répartissez dans les verrines. Parsemez d'amandes effilées.

Crumble de poisson et pommes de terre sautées

Le goût du grand large dans une verrine.

20 mn
25 mn
Moyen
4 personnes

300 g de filets de haddock

50 cl de lait

4 pommes de terre

80 g de farine

80 g de beurre

6 c.s. d'huile

1 c.c. de persil plat haché

Sel, poivre

1 Rincez et recouvrez de lait les filets de haddock dans une casserole. Faites pocher 8 minutes à frémissement. Effilochez les filets de haddock.

2 Épluchez et coupez les pommes de terre en fines lamelles. Faites chauffer l'huile dans une sauteuse. Ajoutez les lamelles de pommes de terre, couvrez et laissez cuire 10 minutes en remuant. Retirez le couvercle et faites dorer les pommes de terre. Salez, poivrez. Égouttez sur du papier absorbant. Préchauffez le four à 200 °C (th. 7).

3 Préparez le crumble : mélangez la farine et le beurre avec vos doigts jusqu'à l'obtention d'une pâte sableuse. Salez légèrement.

4 Répartissez les pommes de terre dans des verrines pouvant aller au four. Recouvrez d'une couche de haddock effiloché, puis d'une couche de crumble. Enfournez et laissez cuire 15 minutes. Si le crumble n'est pas doré, passez-le 2 minutes au gril, puis servez.

Conseil : si vous n'aimez pas le haddock, choisissez un poisson d'eau froide comme du saumon, du maquereau ou des anchois.

Salade thaï

Verrine aux saveurs d'Asie.

25 mn
2 mn
Facile
4 personnes

12 crevettes

1 petit concombre

1 carotte

50 g de germes de soja

1 c.s. d'huile d'arachide

1 pincée de paprika

Pour la sauce :

3 c.s. d'huile d'arachide

1 c.c. de sauce de soja

1 c.c. de graines de sésame

1 c.c. de miel

Le jus de ½ citron

Quelques cacahuètes grillées

1 Épluchez et râpez la carotte. Coupez les extrémités et taillez, sans l'éplucher, le concombre en bâtonnets. Mélangez les légumes dans un bol avec les germes de soja.

2 Décortiquez les crevettes en laissant les queues. Faites-les revenir 1 minute de chaque côté, à la poêle graissée d'huile d'arachide. Relevez avec le paprika.

3 Préparez la sauce avec l'huile, la sauce de soja, le jus de citron, le miel et les graines de sésame.

4 Répartissez les légumes dans les verrines. Déposez, au-dessus, 3 crevettes au paprika. Parsemez de quelques cacahuètes grillées. Arrosez de sauce au moment de servir.

Conseil : vous pouvez très bien remplacer les crevettes par du poulet émincé.

Salade thaï

Frites d'anchois et de carottes

Idéal pour un buffet entre amis.

25 mn
20 mn
Facile
4 personnes

12 anchois frais

2 gousses d'ail

3 carottes

10 cl d'huile d'olive

Fromage râpé

Huile pour friture

Sel, poivre

1 Hachez l'ail. Nettoyez les anchois : enlevez les têtes et les queues, videz-les et retirez délicatement l'arête centrale. Étalez un peu d'ail dans la partie intérieure des anchois. Salez et poivrez.

2 Battez 2 œufs en omelette dans une assiette. Passez rapidement les anchois dans les œufs, puis dans la chapelure. Faites frire 5 minutes et égouttez sur du papier absorbant. Réservez au chaud.

3 Épluchez et coupez les carottes en frites. Faites chauffer l'huile dans une poêle. Ajoutez les carottes, couvrez et laissez cuire environ 15 minutes. Lorsque les carottes sont tendres, ôtez le couvercle et faites-les dorer 15 minutes sur feu moyen, en remuant. Égouttez sur du papier absorbant, salez et parsemez de fromage râpé.

4 Disposez, dans chaque verrine, trois frites d'anchois et trois frites de carotte dans un cornet de feuille (salade, chou…) et servez.

Conseil : préparez les frites à la dernière minute afin qu'elles restent tendres et craquantes.

Mousse de saumon et d'avocat

Voici une verrine en couleur et très diététique.

20 mn
10 mn
60 mn
Facile
4 personnes

100 g d'œufs de saumon

4 petites tiges d'aneth haché

Mousse de saumon :

200 g de saumon frais

1 belle tranche de saumon fumé

20 g de beurre mou

50 g de crème fleurette froide

1 c.s. de jus de citron

Mousse d'avocat :

3 avocats

2 c.s. de crème fraîche

Le jus de 1 citron

Sel, poivre

1 Préparez la mousse au saumon : faites cuire le saumon frais au court-bouillon pendant 10 minutes. Laissez refroidir, puis émiettez.

2 Passez le saumon au mixeur avec le jus de citron, le beurre et le saumon fumé. Fouettez la crème en chantilly et incorporez-la délicatement au saumon.

3 Préparez la mousse d'avocat : mixez la pulpe avec le jus de citron et la crème fraîche ; salez, poivrez.

4 Répartissez la mousse de saumon dans les verrines. Recouvrez de mousse d'avocat, puis d'une couche d'œufs de saumon. Réservez 1 heure au réfrigérateur.

5 Au moment de servir, décorez d'une petite tige d'aneth.

Conseil: vous pouvez remplacer la mousse de saumon par une couche de crevettes roses.

Mousse de saumon et d'avocat

Huîtres au confit de courgettes

N'attendez pas une occasion festive pour surprendre vos amis !

20 mn
25 mn
Facile
4 personnes

2 petites courgettes

12 huîtres

2 petites tomates

3 c.s. d'huile d'olive

Herbes hachées (ciboulette, cerfeuil...)

1 Râpez les courgettes le plus finement possible, sans les éplucher.

2 Faites chauffer l'huile d'olive et ajoutez les courgettes. Laissez cuire à l'étuvée pendant 10 minutes avec l'ail haché et les fines herbes. Salez, poivrez. Remuez très régulièrement. Incorporez les tomates coupées en fines lamelles et laissez mijoter encore 10 minutes.

2 Ouvrez les huîtres et pochez-les 5 minutes dans leur eau frémissante. Retirez du feu et laissez reposer 30 minutes dans l'eau de cuisson.

3 Dressez les verrines en disposant, au centre, le confit de courgettes et, tout autour, collées à la paroi, les huîtres refroidies. Parsemez d'herbes fraîches hachées (ciboulette, cerfeuil). Servez très frais.

Conseil : vous pouvez remplacer les courgettes râpées par une purée de brocolis.

Truite sur mousse de fromage

Assemblage original pour les amateurs de poisson.

10 mn
30 mn
Facile
4 personnes

120 g de fromage à tartiner (Saint-Morêt)

2 tranches fines de truite fumée

4 c.s. de crème liquide

1 c.s. de pesto

3 c.s. d'huile d'olive

Le jus de 1 citron

1 pincée de coriandre moulue

Poivre

1 Coupez les tranches de truite en petits morceaux et disposez dans un plat creux.

2 Préparez la marinade : mélangez l'huile d'olive et le jus de citron. Relevez avec la coriandre et le poivre.

3 Versez sur les morceaux de truite. Couvrez et laissez mariner 30 minutes au réfrigérateur.

4 Préparez la mousse au fromage : mélangez, dans un petit saladier, le fromage, le pesto et la crème liquide. Répartissez dans les verrines.

5 Recouvrez de truite fumée, puis arrosez de marinade. Servez très frais.

Conseil : vous pouvez remplacer la truite par un autre poisson fumé que vous trouverez chez votre poissonier : hareng, gendarme, anguille, maquereau...

Truite sur mousse de fromage

Poêlée de Saint-Jacques et potiron

Découvrez la douceur de la noix de Saint-Jacques alliée au goût légèrement sucré du potiron.

20 mn
35 mn
Facile
4 personnes

8 noix de Saint-Jacques (sans leurs coquilles)

200 g de potiron

70 g de beurre

2 c.s. de crème fraîche

1 pincée de muscade

Sel, poivre

1 Lavez, épongez, coupez la chaire de potiron en petits cubes et faites-les revenir à la poêle dans 40 grammes de beurre. Relevez avec la muscade, le sel et le poivre.

2 Couvrez et laissez fondre 20 minutes, sur feu doux, en remuant de temps en temps. Retirez du feu, écrasez le potiron à la fourchette et ajoutez la crème fraîche.

3 Faites fondre 30 grammes de beurre dans une poêle. Posez les noix de Saint-Jacques et faites saisir 2 minutes de chaque côté. Salez et poivrez légèrement.

4 Répartissez la crème de potiron dans les verrines, puis posez délicatement, dessus, 2 noix de Saint-Jacques. Servez sans attendre.

Conseil : si vous souhaitez un goût plus prononcé, vous pouvez remplacer le potiron par du fenouil.

Verrine du pêcheur

Verrine marinière appréciable en toutes saisons.

20 mn
30 mn
Facile
4 personnes

2 grosses pommes de terre

100 g de moules en conserve ou déjà cuites

100 g de crevettes décortiquées

1 c.s. de persil

Pour la sauce :

1 échalote

5 c.s. d'huile

2 c.s. de vinaigre

1 Préparez la sauce, dans un bol, avec l'huile d'olive, le vinaigre et l'échalote hachée.

2 Faites cuire les pommes de terre à l'eau pendant 25 minutes.

3 Pelez les pommes de terre bien chaudes et coupez-les en cubes.

4 Ajoutez les moules et les crevettes.

5 Arrosez de sauce vinaigrette et disposez dans les verrines.

6 Saupoudrez de persil et décorez de crevettes. Servez tiède ou froide.

Conseil : pour une verrine plus garnie, utilisez un cocktail de fruits de mer (moules, crevettes, anneaux de calamars, crabes...) surgelés, que vous ferez revenir à la poêle avec 2 cuillères à soupe d'huile d'olive.

Verrine du pêcheur

Surf and turf sauce litchi

Viande, fruits de mer et sauce légèrement sucrée : une subtile association qui vous étonnera.

30 mn
6 mn
60 mn
Facile
4 personnes

24 crevettes décortiquées
2 escalopes de dinde (ou de poulet)

Pour la marinade :
10 cl d'huile
Le zeste de 1 orange et de 1 citron
1 pincée de muscade

Pour la sauce :
6 litchis frais
1 pot de yaourt
1 c.s. d'amandes moulues
1 c.c. de miel
Le jus de 1 orange
Le jus de ½ citron

1 Préparez la marinade : mélangez, dans un plat creux, l'huile, les zestes d'agrumes et la muscade. Faites mariner la dinde et les crevettes, séparément, pendant au moins 1 heure au réfrigérateur.

2 Préparez la sauce : pelez, dénoyautez et hachez les litchis. Mouillez de jus d'orange et de citron, ajoutez les amandes moulues, le miel. Mélangez, puis incorporez le yaourt nature. Répartissez dans les verrines.

3 Coupez la viande en petits cubes de façon à en obtenir 12.

4 Allumez le gril et préparez les brochettes : piquez un cube de viande entre 2 crevettes.

5 Faites cuire les mini-brochettes sur la grille de cuisson pendant 6 minutes, en les retournant à mi-cuisson.

6 Présentez dans les verrines avec un fond de sauce aux litchis.

Tartare de thon

Une délicieuse verrine facile à réaliser.

20 mn
Facile
4 personnes

200 g de thon
10 g de câpre
4 cornichons
1 petit oignon blanc
2 c.s. d'huile d'olive
1 c.s. de persil
½ jus de citron
Sel, poivre

1 Hachez grossièrement les cornichons, les oignons et le persil. Concassez les câpres à l'aide d'un couteau.

2 Émiettez le thon dans un saladier et ajoutez tous les ingrédients hachés.

3 Arrosez du jus de citron et d'huile d'olive.

4 Salez, poivrez et mélangez bien l'ensemble avec une fourchette.

5 Répartissez dans les verrines et décorez de persil et de lamelles de citron.

Conseil : présentez cette verrine en complément avec d'autres tartares, par exemple le tartare de saumon, réalisé de la même manière.

Tartare de thon

Salade de hareng

Salade de hareng

Une entrée classique et indémodable.

20 mn
15 mn
Facile
4 personnes

200 g de filets de hareng fumés

4 petites pommes de terre

1 oignon blanc

1 betterave rouge cuite

1 concombre

2 tiges d'aneth

Pour la sauce :

4 c.s. d'huile d'olive

2 c.s. de vinaigre

Sel, poivre

1 Lavez les pommes de terre et faites-les cuire à l'eau pendant 15 minutes environ, sans les peler. Assurez-vous de la cuisson en les piquant. Elles doivent être cuites, mais fermes. Égouttez, épluchez, puis coupez-les en dés d'environ 2 ou 3 centimètres.

2 Émincez finement l'oignon. Épluchez le concombre. Coupez-le d'abord en quatre dans le sens de la longueur, puis en petits cubes. Épluchez et coupez la betterave en petits dés, ciselez les feuilles d'aneth et coupez les filets de hareng en tronçons.

3 Mélangez les pommes de terre, les oignons et les concombres dans un grand saladier. Répartissez les légumes dans les verrines. Parsemez de quelques dés de betteraves. Déposez 2 tronçons de hareng sur la salade et réservez au frais.

4 Préparez une sauce avec l'huile d'olive, le vinaigre, le sel et le poivre. Au moment de servir, arrosez la salade de sauce.

Conseil : vous pouvez remplacer l'aneth par une branche de céleri.

Quenelles aux fruits de mer

Verrine gourmande au délicat goût maritime.

15 mn
30 mn
Facile
4 personnes

6 quenelles

250 g de cocktail de fruits de mer (moules, crevettes, calamars…)

100 g de champignons de Paris

400 g de sauce tomate cuisinée aux légumes (1 pot)

10 cl de crème liquide

20 g d'emmental râpé

1 Coupez les quenelles en rondelles de 2 centimètres environ.

2 Faites revenir séparément, et dans une poêle graissée, les quenelles, les champignons et les fruits de mer.

3 Préchauffez le four à 200 °C (th. 7).

4 Répartissez les quenelles dans les verrines.

5 Mélangez la sauce tomate et la crème liquide dans une petite casserole. Incorporez les champignons et les fruits de mer.

6 Recouvrez les quenelles de cette préparation. Parsemez de fromage râpé et faites gratiner 15 minutes. Servez sans attendre.

Conseil : utilisez de grandes verrines si vous souhaitez en faire un plat à part entière.

Brandade de morue

La noblesse de la morue n'entrave pas la consistance de cette verrine.

35 mn

55 mn

Dessalage à préparer la veille

Facile

4 personnes

600 g de morue dessalée

200 g de riz parfumé

3 pommes de terre

15 cl d'huile d'olive

15 cl de lait entier

10 g de beurre

4 c.c. de chapelure

1 bonne c.c. de safran

1 gousse d'ail

Sel, poivre

1 La veille, mettez la morue dans une passoire. Plongez la passoire dans un grand saladier d'eau froide et laissez dessaler 12 heures en changeant régulièrement l'eau.

2 Le jour même, rincez la morue et coupez en tronçons. Plongez dans une grande casserole d'eau froide. Portez à ébullition.
Laissez alors pocher 8 minutes.

3 Retirez du feu et laissez dans l'eau chaude encore 10 minutes. Débarrassez les morceaux de morue de leur peau et de leurs arêtes. Effeuillez-les.

4 Brossez les pommes de terre sous un filet d'eau froide. Mettez-les dans une casserole, couvrez d'eau froide et portez à ébullition pendant 25 minutes.
Épluchez les pommes de terre et passez-les au moulin à légumes. Hachez l'ail.

5 Mélangez dans un saladier la morue effeuillée, l'ail haché et la purée de pommes de terre. Incorporez 10 centilitres d'huile d'olive, puis le lait chaud, et mélangez jusqu'à obtenir une purée homogène (elle ne doit pas être liquide).

6 Salez, poivrez.Faites chauffer à feu doux 2 cuillères à soupe d'huile d'olive dans une casserole. Versez-y le riz. Remuez 3 minutes et ajoutez 4 verres d'eau, le sel et le safran. Laissez cuire 20 minutes environ sans remuer. Égouttez.

7 Répartissez le riz dans les verrines. Recouvrez d'une bonne couche de purée, puis terminez par la chapelure. Déposez sur chaque verrine une noisette de beurre et enfournez 15 minutes.

8 Prolongez la cuisson sous le gril jusqu'à ce que la chapelure soit dorée. Servez sans attendre.

Chocolat, crêpes dentelles et coulis d'ananas

L'exotisme à la mode bretonne.

10 mn
1 h
Facile
4 personnes

1 grande crêpe dentelle

20 g de pralin

4 tranches d'ananas au sirop

4 c.s. de coulis de fruits (parfum au choix)

Chantilly

Mousse au chocolat :

30 g de sucre en poudre

2 jaunes d'œufs

100 g de chocolat noir

15 cl de crème liquide entière

1 Répartissez les crêpes dentelles émiettées et une pincée de pralin dans chaque verrine, sans trop tasser.

2 Préparez la mousse au chocolat : coupez le chocolat en morceaux et faites fondre au four à micro-ondes.

3 Ajoutez le sucre et les jaunes d'œufs. Fouettez la crème en chantilly, puis incorporez à la préparation au chocolat.

4 Versez la mousse au chocolat dans les verrines (sur les crêpes émiettées) et réservez au réfrigérateur au moins 1 heure.

5 Au moment de servir, déposez les morceaux d'ananas sur la mousse au chocolat.

6 Ajoutez une pointe de chantilly et un filet de coulis de fruits. Servez frais.

Nuage blanc au miel

Légèreté et douceur...

20 mn
5 mn
Facile
4 personnes

160 g de fromage blanc

160 g de crème épaisse

80 g de sucre en poudre

60 g de pistaches entières, décortiquées et non salées

2 blancs d'œufs

½ c.c. d'agar-agar

8 c.s. de miel

1 Préparez la gelée au miel : versez un demi-verre d'eau dans une petite casserole.

2 Ajoutez l'agar-agar et portez 1 minute à ébullition en remuant. Incorporez le miel. Répartissez la gelée au miel dans les verrines. Laissez refroidir au frais.

3 Fouettez la crème épaisse avec le fromage blanc.

4 Battez en neige ferme les blancs en ajoutant le sucre peu à peu. Incorporez délicatement au mélange crème épaisse et fromage blanc.

5 Ajoutez une couche de pistaches sur la gelée au miel et recouvrez de mousse au fromage blanc. Servez très frais.

Conseil : vous pouvez remplacer la pistache par d'autres fruits secs comme des amandes, noisettes ou noix.

Nuage blanc au miel

Crème mirabelle, noix de coco et langues de chat

À savourer à l'heure du thé.

15 mn
10 mn
Facile
4 personnes

20 mirabelles

3 œufs

100 g de sucre en poudre

10 g de beurre

16 langues de chat

60 g de noix de coco râpée

4 c.s. de caramel prêt à l'emploi

1 Lavez et dénoyautez les mirabelles. Gardez 8 mirabelles pour la décoration et mixez les autres. Cassez les œufs dans un saladier.

2 Ajoutez le sucre, le beurre fondu et la purée de mirabelles. Faites cuire au bain-marie environ 10 minutes et remuez sans cesse, jusqu'à ce que la crème épaississe.

3 Laissez refroidir en remuant de temps en temps.

4 Enrobez les 8 mirabelles de caramel et égouttez.

5 Disposez 4 langues de chat contre la paroi de chaque verrine en les espaçant les unes des autres. Répartissez la crème dans les verrines.

6 Recouvrez d'une couche de noix de coco râpée et décorez chaque verrine de 2 mirabelles caramélisées. Servez frais ou tiède.

Crumble aux fruits rouges

Un classique qui accordera tous vos convives.

15 mn
20 mn
Facile
4 personnes

400 g de fruits rouges frais ou surgelés (mûres, fraises, framboises, groseilles, cassis)

100 g d'amandes en poudre

100 g de beurre +10 g pour les verrines

100 g de farine

150 g de sucre en poudre

1 Préchauffez le four à 210 °C (th. 7). Beurrez des verrines (ou des ramequins) allant au four.

2 Mélangez délicatement dans un saladier les fruits rouges avec 50 grammes de sucre et répartissez dans les verrines.

3 Versez dans un saladier la farine, le sucre et les amandes en poudre.

4 Ajoutez le beurre coupé en petits morceaux, puis malaxez avec le bout des doigts jusqu'à obtenir une pâte sableuse.

5 Recouvrez les fruits de crumble et enfournez 20 minutes. Servez tiède ou froid.

Conseil : pour plus de douceur, ne préparez votre verrine qu'avec 1 ou 2 fruits rouges comme la fraise et/ou la framboise.

Crumble aux fruits rouges

Pana cotta sur coulis de framboises

Goût et plaisir des yeux.

15 mn
10 mn
60 mn
Facile
4 personnes

400 g de framboises

160 g de sucre en poudre

4 g d'agar-agar

15 cl de lait

30 cl de crème liquide

Le jus de 1 citron

1 Equeutez et lavez 250 grammes de framboises. Écrasez-les à la fourchette et mélangez avec 100 grammes de sucre.

2 Versez le jus de citron et 50 millilitres d'eau dans une petite casserole. Portez à ébullition, retirez du feu, puis incorporez 2 grammes d'agar-agar.

3 Ajoutez à la purée de framboises et versez dans les verrines. Laissez prendre au moins 1 heure au réfrigérateur.

4 Mélangez dans une casserole le lait, la crème et 60 grammes de sucre. Portez à ébullition, puis incorporez 2 grammes d'agar-agar. Versez sur la gelée de framboises et laissez reposer toute une nuit.

5 Recouvrez de framboises fraîches et servez très frais.

Conseil : vous pouvez remplacer le coulis rouge de la framboise par un coulis d'une autre couleur, vert pour un coulis de kiwis ou orange pour un coulis d'abricots.

Soufflé glacé au chocolat

Une verrine fraîche qui plaira aux petits, comme aux grands.

30 mn
5 h
Facile
4 personnes

125 g de chocolat noir (+ de 55 % de cacao)

20 cl de crème liquide entière très froide

2 œufs

4 c.s. de sucre en poudre

1 goutte de vanille

1 Séparez les blancs des jaunes. Faites fondre au bain-marie le chocolat coupé en morceaux. Une fois le chocolat fondu, incorporez les jaunes d'œufs, le sucre et la vanille. Laissez refroidir à température ambiante.

2 Fouettez la crème bien froide en chantilly. Montez les blancs d'œufs en neige bien ferme avec une pincée de sel.

3 Incorporez la crème Chantilly au chocolat fondu, puis les blancs en neige en soulevant délicatement la masse à l'aide d'une cuillère en bois. Entourez préalablement chaque verrine d'un papier sulfurisé maintenu par une ficelle.

4 Versez la crème au chocolat dans les verrines en laissant déborder pour donner l'impression d'un soufflé. Placez 5 heures au congélateur.

5 Sortez les soufflés glacés du congélateur, retirez le papier sulfurisé et parsemez de fruits secs ou de zestes d'orange. Servez sans attendre.

Soufflé glacé au chocolat

Fraises frangipane et pralines

Un juste équilibre de crème et de fruits.

15 mn
8 mn
Facile
4 personnes

40 g d'amandes en poudre

20 g de praline rose

3 œufs

100 g de sucre en poudre

60 g de farine

50 g de beurre

50 cl de lait

8 belles fraises

1 Mixez la praline pour en faire une poudre.

2 Cassez les œufs dans un saladier. Ajoutez le sucre et remuez jusqu'à ce que le mélange blanchisse. Incorporez la farine, les amandes et la praline en poudre. Mélangez bien.

3 Faites bouillir le lait et versez-le sur le mélange aux amandes. Transvasez la crème dans une casserole à fond épais et faites cuire 8 minutes à feu doux à partir de l'ébullition en remuant sans cesse.

4 Lorsque la crème a épaissi, retirez du feu et incorporez le beurre en petits morceaux. Mélangez énergiquement avec une cuillère en bois.

5 Lavez, équeutez et coupez les fraises en deux. Répartissez la crème dans les verrines. Piquez les demi-fraises dans la frangipane. Servez bien frais.

Tiramisu

Si savoureux dans une verrine...

25 mn
3 h
Facile
4 personnes

250 grammes de mascarpone

100 g de sucre en poudre

24 biscuits à la cuillère

3 œufs

½ l de café fort

Chocolat amer en poudre

1 Préparez un café fort et laissez refroidir.

2 Séparez les blancs des jaunes. Battez les jaunes d'œufs avec le sucre dans un petit saladier, jusqu'à ce que le mélange blanchisse. Ajoutez le mascarpone.

3 Montez les blancs en neige ferme avec une pincée de sel. Incorporez délicatement au mélange précédent.

4 Trempez les biscuits, au fur et à mesure, dans le café, puis tapissez le fond des verrines. Intercalez les couches de crème et les couches de biscuits imbibés.

5 Terminez par une couche de crème et réservez au frais au moins 3 heures.

6 Au moment de servir, saupoudrez de chocolat amer.

Tiramisu

Trifle rose

Trifle rose

La vie en rose pour
ce dessert apprécié de tous.

10 mn
Facile
4 personnes

20 biscuits roses de Reims

100 g de fromage blanc

100 g de mascarpone

100 g de sucre en poudre

10 cl d'eau de roses

4 c.s. de confit de pétales de rose

1 Emiettez les biscuits, puis arrosez-les d'eau de rose.

2 Battez au fouet le mascarpone et le sucre. Incorporez le fromage blanc.

3 Répartissez une couche de biscuits roses dans les verrines.

4 Ajoutez une couche de crème, puis renouvelez l'opération en terminant par le biscuit.

5 Ajoutez enfin une couche de confit de pétales de rose.

6 Servez frais.

Conseil : vous pouvez remplacer le confit de pétales de rose par un coulis de fruits rouges.

Chocolats et macarons

Découvrez la saveur du chocolat
sous le craquant du macaron.

20 mn
15 mn
60 mn
Facile
4 personnes

60 g de chocolat noir

60 g de chocolat blanc

10 cl de crème liquide bien froide

1 blanc d'œuf

12 macarons

1 Versez la crème liquide dans une casserole. Ajoutez le chocolat noir coupé en morceaux et laissez fondre.

2 Mélangez pour avoir une préparation lisse et répartissez dans les verrines. Placez au réfrigérateur.

3 Cassez le chocolat blanc dans un bol et faites-le fondre au bain-marie. Montez le blanc d'œuf en neige ferme, puis ajoutez au chocolat blanc fondu.

4 Émiettez 8 macarons.

5 Retirez les verrines du réfrigérateur. Recouvrez la crème au chocolat noir d'une couche de macarons émiettés, puis terminez par une couche de mousse au chocolat blanc.

6 Réservez au moins 1 heure au réfrigérateur. Décorez d'un macaron au moment de servir.

Mousse de kiwis sur gelée de groseilles

Remarquable par ses couleurs et son goût acidulé.

15 mn
2 h
Facile
4 personnes

4 kiwis

150 g de mascarpone

50 g de sucre en poudre

15 cl de crème fleurette très froide

8 c.s. de gelée de groseilles

Quelques feuilles de menthe

1 Passez 3 kiwis au mixeur. À l'aide d'un batteur électrique, montez la crème fleurette en chantilly.

2 Battez le mascarpone et le sucre. Incorporez à la crème fouettée en soulevant délicatement la masse avec une spatule souple.

3 Ajoutez enfin la purée de kiwis.

4 Déposez 2 cuillères à soupe de gelée de groseilles dans chaque verrine.

5 Répartissez la mousse de kiwis et décorez de fines tranches de kiwi et d'une feuille de menthe.

6 Réservez au moins 2 heures au frais avant de servir.

Entremets vanille, caramel et pralin

Petits entremets aux 3 délicieuses saveurs.

15 mn
35 mn
3 h
Facile
4 personnes

4 jaunes d'œufs

40 cl de lait

90 g de sucre en poudre

40 g de pralin

1 gousse de vanille

8 c.s. de caramel (prêt à l'emploi)

1 Préchauffez le four à 210 °C (th. 7).

2 Versez le lait dans une casserole. Grattez la gousse de vanille et ajoutez au lait. Portez à ébullition, puis laissez infuser 10 minutes. Retirez la vanille.

3 Battez les jaunes d'œufs avec le sucre. Ajoutez peu à peu le lait sans cesser de remuer.

4 Versez la préparation dans 4 verrines allant au four.

5 Remplissez un plat creux d'eau à mi-hauteur des verrines. Faites cuire au four et au bain-marie pendant 30 minutes.

6 Laissez refroidir les entremets au moins 3 heures au réfrigérateur. Au moment de servir, versez une bonne couche de caramel et parsemez généreusement de pralin.

Verrine choco-bananes

L'alliance chocolat-banane ne vous laissera pas indifférent.

15 mn
10 mn
Facile
4 personnes

2 bananes

1 poire

200 g de chocolat noir

100 g de brownies

20 cl de lait

1 Coupez les bananes en rondelles et la poire épluchée en petits dés. Mélangez et remplissez les verrines de fruits.

2 Émiettez les brownies.

3 Versez le lait dans une casserole et ajoutez le chocolat noir en morceaux.

4 Faites fondre sur feu doux en remuant régulièrement.

5 Au moment de servir, versez le coulis de chocolat encore chaud sur les fruits et recouvrez de brownies émiettés.

6 Servez sans attendre.

Conseil : vous pouvez très bien remplacer les bananes par des quartiers de poire.

Brick chocolat blanc et framboises

Derrière le craquant de la brick,
la douceur du chocolat blanc et de la framboise.

15 mn
8 mn
Facile
4 personnes

4 feuilles de brick

60 g de chocolat blanc

200 g de framboises

4 c.s. de gelée de mûres (ou fruits rouges)

20 g de beurre

1 Préchauffez votre four 210 °C (th. 7).

2 Coupez le chocolat blanc en petits morceaux (pépites). Liquéfiez 1 minute la gelée de mûres au four à micro-ondes.

3 Badigeonnez les feuilles de brick de beurre fondu.

4 Disposez une feuille dans chaque verrine en la laissant retomber sur les bords. Placez dans le fond une bonne cuillère à soupe de gelée de mûres.

5 Ajoutez quelques framboises sur la gelée et parsemez les pépites de chocolat blanc.

6 Placez les verrines de brick au four et faites dorer pendant 8 minutes. Servez tiède.

Conseil : préparez ces verrines de brick avec les fruits de saison.

Riz au chocolat

Une petite touche très chocolatée.

20 mn
50 mn
Facile
4 personnes

80 g de riz long

40 cl de lait

80 g de sucre en poudre

120 g de chocolat au lait

20 g de beurre

1 goutte de vanille

Crème Chantilly

Vermicelles au chocolat

1 Portez à ébullition une casserole d'eau. Versez le riz en pluie et laissez cuire 20 minutes. Le riz doit être juste cuit. Égouttez, rincez et égouttez de nouveau.

2 Versez le lait et le sucre dans une casserole. Ajoutez la vanille, le chocolat coupé en morceaux et le beurre.

3 Faites fondre sur feu doux sans cesser de remuer.

4 Incorporez le riz juste cuit, couvrez et laissez mijoter 20 minutes en remuant de temps en temps.

5 Répartissez le riz au chocolat dans les verrines.

6 Au moment de servir, déposez une pointe de chantilly et parsemez de vermicelles au chocolat.

Conseil : pour un goût plus prononcé en chocolat, vous pouvez remplacer le chocolat au lait par du chocolat noir et parsemez de zestes d'orange.

Riz au chocolat

Verrine d'automne pommes-raisins

Une verrine énergisante aux couleurs chaudes.

15 mn
5 mn
30 mn
Facile
4 personnes

150 g de flocons d'avoine

40 g de raisins secs

50 cl de lait

2 pommes

1 blanc d'œuf

4 c.s. de fromage blanc

4 c.s. de miel

Le jus de 1 citron

1 pincée de sel

1 Trempez les raisins secs dans de l'eau tiède pendant 10 minutes. Égouttez.

2 Versez les flocons d'avoine dans un grand bol. Portez le lait à ébullition, puis versez sur les flocons d'avoine. Mélangez et laissez absorber.

3 Coupez une pomme épluchée et évidée en petits cubes, et arrosez de citron.

4 Mélangez les flocons d'avoine avec les cubes de pommes et les raisins secs. Arrosez de miel et répartissez dans les verrines.

5 Montez les blancs en neige ferme avec le sel et incorporez le fromage blanc. Versez la crème obtenue sur la préparation précédente. Réservez au frais au moins 30 minutes.

6 Au moment de servir, décorez les verrines de fines tranches de pomme.

Île flottante

30 mn
25 mn
Facile
4 personnes

60 cl de lait

80 g de sucre en poudre

4 œufs

1 gousse de vanille

100 g de sucre cristal

1 Préparez la crème anglaise : portez le lait à ébullition dans une casserole avec la gousse de vanille fendue en deux, dans le sens de la longueur. Retirez du feu, puis laissez infuser 5 minutes.

2 Fouettez dans un petit saladier les jaunes d'œufs avec 60 grammes de sucre jusqu'à ce que le mélange blanchisse. Retirez la vanille, puis incorporez le lait. Transvasez dans une casserole. Portez sur feu moyen en remuant sans cesse jusqu'au premier frémissement. Répartissez dans les verrines et laissez refroidir au réfrigérateur.

3 Faites chauffer une casserole d'eau sans la faire bouillir. Montez les blancs en neige avec une pincée de sel. À mi-parcours, ajoutez 20 grammes de sucre et continuez à battre au fouet jusqu'à obtenir une neige ferme et brillante.

4 Prélevez des petites cuillérées de blancs et déposez-les sur l'eau frémissante. Laissez cuire 1 minute de chaque côté. Retirez les blancs cuits et égouttez sur un linge propre. Au moment de servir, déposez les petites îles sur la crème anglaise (sans les superposer). Faites un caramel avec le sucre cristal et zébrez les îles.

Île flottante

Poire Belle-Hélène

Une préparation joliment présentée avec sa saveur glacée.

15 mn
10 mn
Facile
4 personnes

4 demi-poires au sirop

150 g de chocolat noir

25 g de beurre

4 petites boules de glace au chocolat noir

1 Coupez les poires en petits cubes. Réservez au frais dans leur sirop.

2 Préparez la sauce : faites fondre le chocolat, coupé en morceaux, au bain-marie.

3 Ajoutez le beurre et mélangez jusqu'à obtenir une préparation lisse.

4 Répartissez la moitié des cubes de poires dans les verrines.

5 Déposez dessus une boule de glace au chocolat, puis terminez par une couche de poires.

6 Versez la sauce au chocolat encore chaude sur les poires et servez sans attendre.

Conseil : retirez la boule de glace et présentez la poire coupée en larges quartiers, sous une couche de chocolat fondu.

Crumble aux pommes et romarin

Un classique de crumble au parfum original de romarin.

15 mn
15 mn
Facile
4 personnes

2 pommes

40 g de beurre

50 g de sucre en poudre

30 g de farine

2 petits brins de romarin

1 Coupez en petits dés les pommes épluchées et faites-les revenir dans une casserole avec 10 grammes de sucre, une cuillère à soupe d'eau et un brin de romarin ciselé. Laissez refroidir.

2 Préchauffez le four à 180 °C (th. 6).

3 Préparez le crumble : mélangez grossièrement avec les doigts 40 grammes de sucre, la farine et le beurre.

4 Étalez la pâte sableuse obtenue sur une plaque recouverte de papier sulfurisé et enfournez 15 minutes.

5 Versez la compote dans les verrines et recouvrez généreusement de crumble.

6 Décorez de romarin. Servir tiède ou froid.

Conseil : vous pouvez remplacer le romarin par une pincée de cannelle.

Crumble aux pommes et romarin

Riz soufflé et chocolat

Les amateurs de céréales sucrées se retrouveront dans ce dessert croustillant.

15 mn
10 mn
30 mn
Facile
4 personnes

60 g de chocolat noir
40 g de riz soufflé
50 g de sucre en poudre
180 g de lait concentré non sucré
30 cl de crème liquide épaisse froide
15 cl d'eau froide
4 c.s. de miel

1 Mélangez le riz soufflé avec le miel. Répartissez dans les verrines.

2 Faites fondre le chocolat noir au bain-marie.

3 Ajoutez le lait concentré, le sucre et l'eau. Fouettez jusqu'à obtenir un mélange homogène.

4 Sortez la crème liquide du réfrigérateur.

5 À l'aide d'un fouet électrique, battez la crème en chantilly, puis incorporez à la préparation au chocolat.

6 Réservez au moins 30 minutes au réfrigérateur.

7 Arrosez d'un filet de miel et servez très frais.

Conseil : vous pouvez remplacer le riz soufflé par d'autres céréales du petit-déjeuner (pétales de maïs soufflé, boules soufflées au miel...)

Fromage blanc et cerises

Mariage parfait du fromage blanc avec la cerise et le biscuit.

15 mn
Facile
4 personnes

200 g de fromage blanc
200 g de cerises au sirop (ou confites en bocal)
20 g de beurre
80 g de sucre en poudre
12 spéculos
4 c.s. de gelée de groseilles

1 Égouttez et déposez les cerises dans un petit saladier.

2 Ajoutez la gelée de groseilles et mélangez soigneusement.

3 Réservez au frais.

4 Sucrez et fouettez le fromage blanc.

5 Émiettez les spéculos et mélangez avec le beurre fondu.

6 Tapissez-en le fond des verrines. Recouvrez d'une couche de fromage blanc et, enfin, d'une couche de cerises à la gelée.

7 Parsemez de pistaches concassées. Servez frais.

Conseil : variez les biscuits (petits beurres, biscuits au citron, langues de chat, etc.).

Fromage blanc et cerises

Chez le même éditeur

Dans la collection *carnets gourmands*

Apéritifs gourmands

65 recettes pour donner des airs de fête à vos apéritifs.

Macarons gourmands

Les meilleures recettes pour succomber aux macarons.

Charlottes gourmandes

Un grand classique des desserts revisité avec gourmandise.

Verrines & verres gourmands

Les meilleures recettes gourmandes pour succomber à la tentation des verrines et verres.

Barbecues gourmands

65 recettes gourmandes de la cuisine au barbecue : plein d'idées originales, faciles à réaliser.

Crumbles gourmands

65 recettes gourmandes de crumbles tendres et croustillants.